AF453688

DE LA POLITIQUE

DE L'ANGLETERRE,

DE SES RAPPORTS

AVEC LES AUTRES PUISSANCES,

ET DES CAUSES QUI L'EMPÊCHENT D'ADHÉRER
AUX PRINCIPES DE LA SAINTE-ALLIANCE :

AVEC QUELQUES RÉFLEXIONS

Sur les effets que cette politique a dû produire et doit continuer
de produire sur les nations commerçantes du monde entier.

A PARIS,

CHEZ J. G. DENTU, IMPRIMEUR-LIBRAIRE,
RUE DES PETITS-AUGUSTINS, Nº 5.

1825.

Cᴇᴛ écrit, composé depuis plus de dix-huit mois, avait pour objet de fixer des idées et de calmer des inquiétudes mal fondées sur les desseins de l'Angleterre. Il a eu quelque succès dans le cercle pour lequel il était spécialement destiné, et dont faisaient partie des hommes que leur position sociale doit mettre en garde contre toute opinion erronée sur les matières qui concernent la politique générale des nations. On y a rassemblé assez de faits pour faire ressortir de leur comparaison l'évidence des principes qui dirigent, sans que jamais elle s'en écarte, la politique de la Grande-Bretagne, principes que ne doivent pas ignorer les hommes d'État des autres pays, et sur lesquels, en dépit de toute protestation contraire, ceux de la France ne prennent assurément point le change.

Tandis que des questions d'un grand intérêt local s'agitent en France, et semblent absorber toute l'attention, la politique anglaise marche d'un pas rapide vers le but qu'elle se propose. C'est pour ramener lesregards vers les vastes développemens qu'elle prend, qu'on se décide à publier en France cet écrit, qui aura du moins ceci de remarquable, que tout ce qui arrive aujourd'hui à l'Angleterre s'y trouve indiqué, comme la conséquence nécessaire des principes sur lesquels sa politique repose.

DE LA POLITIQUE

DE L'ANGLETERRE.

Des hommes respectables qui, par habitude autant que par goût et par devoir, s'occupent depuis long-temps des rapports politiques qui existent entre leur pays et les puissances européennes, ont manifesté la crainte que la Grande-Bretagne, tout en désavouant les vues de la Sainte - Alliance, ne fût en secret d'accord avec elle dans des projets qui menacent les institutions de l'Amérique du Nord et du Sud, et qu'elle ne considérât particulièrement en ennemie l'Amérique du Nord, par suite de l'accroissement de sa puissance navale.

D'abord on peut admettre que sa jalousie contre la marine américaine est réelle; et même en considérant toute son histoire, ainsi que la nature de sa puissance et de la politique qui lui est propre, on peut convenir qu'elle est naturelle ; mais si l'on veut examiner sa politique générale, on trouvera qu'il existe pour elle des motifs d'action bien plus impérieux, et qui, pour le moment, doivent neutraliser cette jalousie. La marine des États-Unis ne peut lui donner d'inquiétudes que pour l'avenir et pour un temps éloigné, tandis qu'aujourd'hui des causes positives et d'un plus haut intérêt immédiat agissent sur sa politique et la dirigent : cependant il peut être utile d'examiner ce sujet, ne fût-ce que pour fixer des opinions et calmer des craintes assez naturelles.

La politique de la Grande-Bretagne est aussi profonde qu'elle est constante dans son objet : sa puissance, sa prééminence parmi les nations, sa richesse intérieure, sa prospérité, elle doit tout à des causes entièrement artificielles. Le seul avantage qu'elle tienne de la nature est sa position insulaire, qui est en même temps pour elle un moyen de sûreté et une source d'ambition. C'est l'industrie intérieure qui fournit les cargaisons des flottes qu'elle expédie ; c'est le commerce universel qu'entretient cette industrie qui forme la base de sa puissance et de sa prospérité : soutenir, augmenter cette industrie et ce commerce, est le but principal et le premier objet de sa politique, parce que d'eux dépendent sa propre défense, son existence; ses revenus, ses richesses; sa puissance navale est essentielle au tout; par elle son commerce est assuré; sous sa protection, elle peut lever des tributs sur toutes les nations, en leur imposant sa propre industrie.

Les hommes d'État de l'Angleterre connaissent très-bien toute l'étendue de ces moyens de richesse et de puissance; ils savent que celle-ci n'est pas due aux produits naturels du pays, mais qu'elle est le résultat d'une combinaison bien entendue, dont le succès peut être attribué à l'insouciance, à l'incapacité, à la fausse politique des législateurs et des hommes d'État des autres pays. Par cette combinaison, elle peut, à l'aide des arts et d'un travail ingénieux, convertir ces produits en moyens de richesse et de revenu. Ses ouvriers décuplent la valeur des matières premières qu'elle tire des pays étrangers; et sa richesse se trouve accrue des neuf dixièmes dont s'est augmentée leur valeur primitive; et ce qu'il y a de plus extraordinaire, c'est que le pays qui a produit ces matières premières paie cette augmentation avec indifférence, et le plus souvent sans s'en douter.

Les hommes d'État de la Grande-Bretagne savent parfaitement que sa puissance et sa sûreté dépendent du maintien de son système commercial; que, sans lui, elle tomberait bientôt au rang de la Sardaigne ou de la Corse. Ils ne peuvent donc être ni indifférens ni insensibles aux déclarations et aux prétentions de la Sainte-Alliance, qui, si elles se réalisaient contre les autres nations, ne lui laisseraient d'autre avantage que celui d'être dévorée la dernière. Ils savent que si les membres de la Sainte-Alliance ont pu s'unir avec l'Angleterre contre les progrès alarmans que faisait la France vers une grande prospérité intérieure et commerciale, ces puissances n'en ont pas moins adopté ce même système continental conçu par Napoléon, et qui avait été pour eux tous un prétexte de guerre.

Les ministres de l'Angleterre se sont vu forcés de chercher dans l'archipel des mers de l'Asie, et chez les nations nouvellement affranchies de l'Amérique, des marchés pour remplacer ceux que la politique continentale leur avait fermés. Déjà l'Angleterre abandonne le nord de l'Europe, pour acheter en Asie et en Amérique ses approvisionnemens de chanvre, qu'elle peut s'y procurer en plus grande abondance, à meilleur marché et de meilleure qualité. Les hommes d'État de l'Angleterre sont persuadés que les succès de la Sainte-Alliance seraient funestes à la puissance britannique, et il est impossible de douter raisonnablement de la justesse de cette opinion.

L'importance du commerce pour la Grande-Bretagne, particulièrement de celui qu'elle fait avec les Etats-Unis, n'a jamais été plus évidente ni plus évidemment démontrée que pendant la dernière guerre. Elle se fit sentir dans tout ce qui intéresse ce pays; ses manufactures furent paralysées, ses échanges arrêtés, son ordre social troublé, les revenus de ses capitalistes et celui de la nation diminués. Les propriétaires la sentirent également, en voyant leurs produits manquer de marchés; les rentiers, dans la dépréciation des effets publics; enfin, la nation entière la sentit de la manière la plus sérieuse, par l'émigration de plusieurs artistes habiles et expérimentés, privés d'occupation dans leur pays, ou portés à la révolte par le désespoir, quand ils ne pouvaient pas émigrer, et qui, quand ils parvenaient à émigrer, portaient chez tous les peuples de l'Europe l'industrie de l'Angleterre. Ces peuples sont depuis devenus ses rivaux dans les arts; et pour défendre contre la concurrence anglaise les productions de leur propre industrie, leur politique a exclu celles de l'Angleterre.

Peut-être serait-ce aller trop loin que d'attribuer entièrement ces conséquences à la dernière guerre avec les États-Unis ; mais certes, il n'est pas déraisonnable d'avancer que cette cause y a contribué plus que toute autre. Au moins est-il impossible de révoquer en doute que l'expérience de cette guerre a démontré avec plus de force que jamais l'importance du commerce avec l'Amérique du Nord, et à rendu celui de l'Amérique du Sud encore plus nécessaire et plus précieux pour la Grande-Bretagne.

La politique adoptée sur le continent européen a probablement fait perdre à l'Angleterre une somme qui surpasse la totalité du commerce que faisait cette nation dans toutes les parties du monde au commencement du règne de la reine Anne. D'un autre côté, l'augmentation de ce commerce avec les États-Unis, depuis 1783, est beaucoup plus considérable que cette totalité. Repoussée des sept huitièmes des marchés qui lui étaient ouverts en Europe, les deux Amériques, celle du Sud et celle du Nord, doivent être d'autant plus précieuses pour elle, et elle doit d'autant plus les apprécier.

Le but des observations précédentes est de faire voir que, quelque puisse être la jalousie de l'Angleterre contre la marine des États-Unis, toute cause d'inquiétude est éloignée, tandis que l'intérêt de sa politique est présent et pressant, et qu'il exige plus de soins pour l'assurer aujourd'hui qu'à toute autre époque précédente.

Le marché que les États-Unis offrent à l'Angleterre continuera de lui être indispensable tant qu'elle ne pourra pas trouver dans les autres parties du monde des débouchés suffisans pour l'écoulement de toutes ses marchandises.

Les mêmes principes qui rendent les marchés des États-Unis précieux pour l'Angleterre, s'appliquent avec autant de force à ceux des nouveaux États du Sud. Le champ n'est pas nouveau pour elle; ce n'est pas la première fois qu'elle cherche à l'exploiter; et en jugeant d'après l'analogie qu'offrent les États-Unis pendant quarante ans d'indépendance, l'Amérique du Sud présente au commerce un théâtre si vaste, si riche et si varié, qu'il est vraisemblable que ce n'est qu'en Angleterre qu'on sait l'apprécier à sa juste valeur.

Il y a déjà plus d'un siècle qu'elle a su trouver dans cette partie de l'Amérique une des grandes sources qui ont depuis donné la plus forte impulsion à sa machine politique. Tandis que des flibustiers sans loi ravageaient les côtes de Terre-Ferme, les vaisseaux et les villes de la côte occidentale et de l'isthme, les dépouilles, transportées dans les îles Caraïbes, passaient de là dans les ports d'Angleterre. Dans le même temps, des aventuriers d'un caractère plus pacifique s'introduisaient à la cour du mogol, et réussissaient à rivaliser les entreprises des Portugais, des Hollandais, et enfin des Français, qui étaient parvenus à remplacer avec le temps les deux autres nations, pour être définitivement remplacés à leur tour par les Anglais.

Tandis qu'Anson, ce flibustier légal, pillait les côtes du Pérou, et qu'il en faisait transporter les dépouilles en triomphe à la Tour de Londres, dans une longue suite de charriots, l'aventureux Clive, sans se douter de l'étendue de la puissance dont il posait les fondemens, allait, sous le déguisement d'un médiateur, révéler les richesses de l'Asie. Les progrès de l'un et de l'autre, dans l'Ancien et dans le Nouveau-Monde, ont été comparés pour leurs suites à l'effet que produisirent sur le sénat de Rome les dépouilles de l'Asie apportées par Marcellus, et le pillage de Syracuse et de Corinthe.

La soif des richesses et du pouvoir augmente à mesure qu'on obtient de nouveaux moyens de la satisfaire. La ruse et la force furent ceux qu'employèrent les marins spoliateurs; ceux qui servirent sur le continent asiatique ne furent pas moins odieux, quoique plus raffinés. Les Anglais, sous le nom de *médiateurs*, armèrent les princes de ce pays les uns contre les autres. On vit le père détrôné par son fils, et celui-ci déposé à son tour, pour favoriser un plus haut enchérisseur, ou pour faire place à un instrument plus maniable. L'or qui avait payé un trône à un envahisseur étranger servit pour décider le sort des combats, et l'histoire a été chargée de proclamer des victoires gagnées avec cet or prodigué pour acheter des généraux perfides sur le champ de bataille. Les pirateries autorisées d'Anson, et les entreprises illégales du pirate Morgan, ont fourni à l'Angleterre les moyens d'arriver aux richesses de l'Amérique du Sud, et ont servi à exciter les désirs qui depuis n'ont jamais cessé de diriger son ambition infatigable vers les richesses précieuses de l'Amérique.

Le commerce légal qui a été permis à différentes époques, par la voie du Ferrol et de Carthagène, et plus tard, par Séville et Cadix, avait lieu en même temps que le commerce illicite qui se faisait par Carthagène des Indes, Chagres, l'Atrato, toutes les côtes de Terre-Ferme et la mer du Mexique, et dont la Jamaïque était l'entrepôt. Un trafic semblable, également fait en contrebande au Chili, au Pérou, au Mexique, le long des côtes de la mer Pacifique et sur l'isthme de Panama, a non seulement fait connaître aux hommes-d'État de la Grande-Bretagne de quelle valeur était alors l'Amérique méridionale, mais elle leur montre maintenant ce qu'elle peut devenir quand elle jouira de la liberté et de l'indépendance. C'est à l'aide des moyens que sa longue expérience lui a fait tirer de ces riches contrées, et qui se sont toujours accrus, qu'elle s'est placée à la tête des puissances européennes, qu'elle a soudoyé les rois et les empereurs, et fait servir leurs armes au renversement de sa rivale. Ses intérêts se confondent avec la liberté de l'Amérique, dont les trésors resteraient ensevelis ou s'échapperaient dans d'autres mains, s'il était possible que les nouveaux États fussent subjugués. Des causes naturelles, insurmontables, s'opposent à ce que cette conquête soit possible : si elle l'était, la politique de l'Angleterre serait de l'empêcher ; elle en a le pouvoir, elle l'empêcherait.

Lorsque les cortès s'assemblèrent pour la première fois à Cadix, un fonctionnaire public mit sous leurs yeux un rapport sur le commerce de l'Amérique du Sud ; il y établissait que la contrebande en formait les sept dixièmes, et le commerce légal trois dixièmes seulement.

Les îles hollandaises et les Français de Saint-Domingue entraient bien pour quelque chose dans cette contrebande; mais les Anglais y étaient seuls pour une plus grande portion que tout le reste. Ces ressources étaient pour les Indes occidentales d'une bien plus grande importance que tout leur sucre et leur café; et c'est le même genre de contrebande qui fournissait à la France, par l'intermédiaire de Saint - Domingue, cette vaste masse de métaux précieux dont elle abondait à l'époque de la révolution, et qui, lorsque cette colonie fut séparée de la France, se trouva paralysée, sans que la cause paraisse en avoir été généralement aperçue ou même soupçonnée.

Ces canaux du commerce ont éprouvé de grands changemens. Cadix n'est plus l'entrepôt central et exclusif des richesses de l'Amérique espagnole; Cadix ne transporte plus en Angleterre les trois cinquièmes de sa richesse commerciale, en échange contre les produits de ses manufactures. La Jamaïque a gagné tout ce que Cuba et Saint-Domingue ont perdu, soit par la contrebande, soit par le commerce direct, maintenant que tous les ports d'Amérique sont ouverts. Ce n'est plus le monopole d'un seul port en Europe, c'est un commerce libre, régulier, et qui va en augmentant; et tandis que ce com-

merce honorable surpasse sa première valeur
d'une quantité incalculable, la contrebande continue, et se trouve portée au triple de ce qu'elle
était jadis. L'or, l'argent, le platine de l'Amérique du Sud passent presque exclusivement dans
les ports de la Grande-Bretagne. On peut, d'a-
près cela, se faire une idée des exportations de
l'Angleterre, et de la valeur de son commerce
avec cette partie de l'Amérique.

Au commencement de 1823, un Américain,
homme distingué de l'Amérique du Sud, et que
sa place avait mis dans le cas de faire ces recher-
ches, constata qu'à cette époque il était dû à
l'Angleterre, par suite d'affaires de commerce,
dans les Etats situés au sud de l'isthme, 37 millions de dollars. M. Lowe, négociant anglais,
intéressé dans ce commerce, avance, dans un
ouvrage publié le 6 juillet 1823, que les exportations à Buénos-Ayres et Valparaiso seulement,
se montaient aux sommes suivantes :

	Buénos-Ayres.	Valparaiso.
	Dollars.	Dollars.
Année finissant le 5 janvier 1813,	2,021,000	
1814,	non constaté.	
1815,	2,290,760	
1816,	2,146,525	
1817,	1,692,085	
1818,	3,325,675	163,985

	Buénos-Ayres.	Valparaiso.
	Dollars.	Dollars.
Année finissant le 5 janvier 1819,	3,399,510	94,015
1820,	1,797,980	88,510
1821,	3,427,185	722,070
1822,	3,195,605	1,889,945
1823,	5,808,525	2,314,340

Ces chargemens n'étaient destinés que pour deux ports éloignés, et font connaître non seulement l'étendue du commerce régulier, mais encore son accroissement, et il est certain que le commerce illicite s'élève à une plus haute valeur; mais le commerce qui se fait à la Jamaïque, entrepôt de celui de la Colombie, de la Terre-Ferme, de Chagres, de Panama, de l'Atrato, de la côte d'Yucatan, de Guatimala et du Mexique, n'est pas moins suprenant.

	Dollars.
Année 1813, chargé pour la Jamaïque,	13,106,470
1814,	inconnu.
1815,	16,802,100
1816,	21,200,940
1817,	14,286,715
1818,	23,673,625
1819,	17,306,295
1820,	17,774,675
1821,	12,637,810
1822,	17,262,710
1823,	12,529,175

Toutes ces expéditions ne se faisaient que pour la Jamaïque ; mais des cargaisons considérables étaient expédiées directement pour l'Amérique du Sud et le Mexique, ainsi que pour l'isthme, la Guyane, la Havane, la Trinité, Démérari, Saint-Thomas et Curaçao. Mais une autre liste de chargemens dans le seul port de Liverpool, en 1823, et destinés pour l'Amérique du Sud, montre encore mieux l'étendue et l'augmentation de ce commerce. La valeur totale des marchandises anglaises seules s'élève, d'après les prix de la douane, pour les denrées emportées, à 34 millions de dollars, et aucun article dans ce commerce ne produit moins de cent pour cent, tandis que beaucoup rapportent jusqu'à cinq cent pour cent.

Les agens commerciaux envoyés par la Grande-Bretagne à la Colombie, au Mexique, à la Plata, au Chili et au Pérou ; leur nombre, les moyens mis à leur disposition, l'efficacité des mesures prises pour les mettre à portée de former des liaisons, de gagner de l'influence et d'obtenir des renseignemens, prouvent combien les hommes d'État de l'Angleterre sont éclairés sur la manière de favoriser leurs intérêts nationaux, et le prix qu'ils attachent à l'indépendance de l'Amérique du Sud. L'affranchissement de ces pays de la souveraineté et de la dépendance de l'Espagne est donc un objet d'une grande importance commerciale pour l'Angleterre ; elle doit donc mettre à l'assurer une partie de sa profonde politique.

La révolution de l'Amérique du Nord à appris à l'Angleterre que le commerce d'une nation libre et indépendante, peut être dix fois plus précieux que celui de la même nation, courbée sous le poids de l'esclavage et du monopole colonial.

Les colonies des Indes occidentales, comparées avec le seul État de la Colombie, sont devenues un objet d'un ordre inférieur ; et si l'Angleterre pouvait le faire sans difficulté ou sans danger, dès demain elle abandonnerait ces îles. C'est la direction qu'a toujours suivi sa politique depuis la révolution de l'Amérique du Nord ; et toute cette parade de philanthropie envers la race nègre et la traite des esclaves, toutes ces clameurs en faveur de l'affranchissement et de la colonisation des noirs, ne sont que le résultat de cette politique ; à dater de l'administration si courte, mais si distinguée par la générosité des principes de Rockingham, principes adoptés par lord Chatam, malgré le caractère mixte de son administration, et l'influence puissante que les intérêts des Indes occidentales exer-

çaient sur le Parlement. Ces vues bien appré-
ciées doivent prouver l'importance justement
attachée au commerce de l'Amérique du Sud
par une nation dont l'existence est entièrement
dépendante du commerce. Plusieurs des produits
qui servent à payer ses marchandises sont particuliers à cette partie du monde, et précieux
pour tous les pays civilisés. L'or, la poudre d'or,
l'or en lingots, l'argent en lingots, le platine, le
cuivre, les pierres précieuses, les baumes, les
gommes, les drogues, les articles de teinture,
les bois fins, l'acajou, le coton, le cacao, le café,
le tabac, l'indigo, la cochenille, le riz, les
pois, les haricots, les mulets, les chevaux, les
cuirs, etc., etc., sont des articles universellement
recherchés.

Ce commerce a été suivi avec constance pendant plus d'un siècle, malgré des désastres ré-
pétés; et le non succès de plusieurs tentatives
faites pour s'établir en maîtres dans différentes
places de ces contrées, n'a eu d'autre effet que
de changer la conduite de l'Angleterre, sans
diminuer en rien ses désirs ou ses espérances.
Sa politique était fondée sur des intérêts commerciaux, et elle devra vouloir la suivre aussi long-
temps que le commerce consistera en échanges :
aussi a-t-elle cherché à profiter de toutes les vi-

cissitudes de la révolution arrivée dans ces contrées. On la voit au même moment conciliant
l'Espagne, influençant les conseils de Madrid;
et faisant envahir Buénos-Ayres par ses armées,
tandis qu'elle excite le Chili à se déclarer indépendant. Les instructions de ses généraux ten-
dent au renversement des autorités espagnoles à
Monté-Vidéo, à Buénos-Ayres, à San-Yago, à
Caracas et à Cumana. Le manque de succès dans
ces entreprises n'a d'autre effet que de lui faire
changer la marche de sa politique.

Mais elle trouve au Sud la preuve de ce qu'elle
éprouve depuis trente ans dans le Nord; savoir :
qu'un peuple indépendant offre bien plus d'a-
vantages à une nation commerçante que les habitans d'une colonie.

Le plan auquel se liait son attaque de Buénos-
Ayres était prodigieux; elle avait en vue de
s'emparer de quatre grands bastions sur les flancs
du continent américain du Sud, d'où elle aurait
pu surveiller la politique, et maîtriser le commerce sur toute l'étendue de cette vaste ligne.
La Trinité était sa position du nord-est, ayant
sur la côte de l'est les bouches de l'Orénoque et
de l'Amazone, le golfe de Paria, et la mer jusqu'au cap de Véla, vers le nord, qu'elle eût été
en mesure de surveiller d'un autre côté par l'oc-

cupation de Panama, qui devait former son bas-
tion du nord-ouest, appuyé par la baie de Hon-
duras, ce rameau depuis long-temps greffé par
la politique anglaise. Monté-Vidéo et Buénos-
Ayres eussent été au sud-est les points d'où elle
aurait exercé sa surveillance et son influence;
enfin, l'archipel de Chiloé aurait été le rendez-
vous et le boulevard de sa puissance dans les
parties du sud et de l'ouest de la mer Pacifique.
De toutes ces positions d'où elle eût exercé une
si grande influence, elle n'occupe que la Trinité; et ce n'est pas un faible indice de la pro-
fondeur de ses vues, que le maintien des lois espagnoles à la Trinité, et les ordres qu'elle avait
donnés de les conserver à Buénos-Ayres et au
Chili, si ses armes y avaient du succès.

L'occupation des colonies hollandaises de Ber-
bice, de Démérari et d'Esséquibo, ont été une
conséquence du même système, et il y existe des
agens de sa politique, sous la dénomination de
missions, qui visent à des concessions de territoire sur les bords de l'Orénoque, et qui pourront un jour chercher à unir leurs destinées à
celles des colonies anglaises de la Guyane, par le
canal naturel du Caroni. L'intérêt que les Anglais ont pris à divers projets de Miranda, les
secours qu'ils lui ont fournis, la célèbre procla-

mation du gouverneur Picton à la Trinité, dans laquelle il invitait Caracas et Cumana à se révolter contre l'Espagne, sont des preuves de leurs projets et de leur étendue, de la ténacité avec laquelle ils les suivent, et du prix qu'ils attachent au commerce de ces contrées.

On pourrait ajouter des faits nombreux et d'un caractère analogue, pour montrer l'importance que l'Angleterre attache au commerce de l'Amérique du Sud, et la constance avec laquelle elle cherche à se l'assurer. L'expérience de chaque jour fait voir combien elle a su apprécier plus tôt et plus justement qu'aucun autre État, la valeur de ces contrées pour les entreprises commerciales. Dans ses premiers projets, elle paraît avoir eu en vue un système de coertion et de domination semblable à celui qui lui a si merveilleusement réussi dans l'Inde, et un accroissement successif de puissance sous le nom de *protection* et *d'alliance*. Les revers qu'elle a éprouvés lui ont appris qu'elle devait changer de système. Elle était entrée dans l'Inde avec une cargaison de quincaillerie et de bonneterie; et, en moins de trente ans, elle y devint une alliée armée, et, en soixante-dix ans, elle s'y trouva souveraine incontestable de 130 millions d'habitans. Mais cette immense population, et les vastes provinces qu'elle occupe, exigent des armées nombreuses, des arsenaux, des agens pour les gouverner, et des dépenses qui absorbent les revenus. Ce n'est qu'au moyen du commerce qu'offre l'Asie, que l'Angleterre peut retirer des richesses de ces belles et fertiles possessions; elle n'y gagne rien sous le rapport des revenus.

Peut-être les leçons de cette expérience ne seront-elles pas perdues, et l'utilité de leur application peut compenser les désagrémens d'avoir vu échouer des projets militaires; mais elles n'ont pas tendu et n'ont pas pu tendre à affaiblir sa politique commerciale; leur effet a plutôt été de les lier plus étroitement à cette indépendance qui maintenant peut seule lui donner des profits plus directs et moins entravés. Ce qu'il y a de certain, c'est qu'à une époque encore peu éloignée elle a cherché à obtenir, par des négociations, des promesses de faire des efforts particuliers en leur faveur, et par l'offre de garantir l'indépendance des États de l'Amérique du Sud, certaines positions importantes sur le continent. Un refus très-modeste, mais très-positif, semble avoir anéanti ses espérances, mais sans avoir eu d'influence sur sa politique commerciale, ou sur l'intérêt qu'elle prend à l'indépendance des nouveaux États.

Au milieu des vicissitudes des affaires humaines, on voit le commerce de l'Angleterre marcher toujours en augmentant. Les produits du Nouveau-Monde continuent à être échangés contre les produits des manufactures anglaises, et à employer, à nourrir et à payer les artistes dont l'industrie et le travail sont les principales sources du commerce, de la richesse et de la puissance britannique, au moyen desquels elle réunit ces revenus qui l'ont mise en état de soulever le monde.

Peut-être n'est-il pas un homme d'État capable de calculer ou seulement de se former une idée de l'immensité des richesses que le commerce pourra tirer des nouveaux États, et de l'influence que leur émancipation peut avoir sur le monde entier; mais il est évident qu'aucun ne le comprend aussi bien, ne l'apprécie avec autant de jugement que les hommes d'État de l'Angleterre.

Il n'est donc pas raisonnable de supposer que ces hommes soient disposés à affaiblir, et encore moins à mettre en péril ou à diminuer la vaste part que l'Angleterre a déjà dans le commerce du Nouveau-Monde; car il est très-évident pour eux que si 18 millions d'hommes récemment tirés de l'esclavage l'ont acquis les moyens d'expédier d'un seul port pour 34 millions de dollars de marchandises dans une année; lorsque la paix sera établie, l'accroissement naturel de la population et l'extension des arts de la civilisation se feront chez eux dans une progression à peu près semblable à ce qui a eu lieu dans l'Amérique du Nord, où, dans quarante ans, elle s'est élevée de 3 à 10 millions. En suivant cette progression, les États de l'Amérique espagnole auront dans quarante ans une population de 60 millions d'individus, et leur commerce sera augmenté dans une proportion encore plus forte.

On peut, d'après ces considérations, conclure avec justice et avec raison que tout encouragement, tout appui ou toute connivence, et surtout toute participation à des trames ou à des projets de la Sainte-Alliance, contre une partie quelconque de l'Amérique du Nord ou du Sud, *est incompatible avec la politique de la Grande-Bretagne.*

Mais on a tiré des inductions de la conduite de cette puissance relativement à Naples, à l'Espagne, à la Turquie, à la Grèce, à la Russie et à l'Autriche, qui semblent autoriser des doutes sur ses dispositions à l'égard de l'Amérique du Sud : un simple examen suffira pour concilier immédiatement ces contradictions imaginaires.

La politique de l'Angleterre est toujours personnelle : sa puissance, et le commerce qui en est la base, sont isolés et exclusifs. Quel que soit le sort ou la fortune des autres nations, toutes les fois que ses propres intérêts ne s'y trouveront point liés, sa politique n'interviendra point.

On s'est demandé : Pourquoi l'Angleterre a-t-elle armé dans un temps pour soutenir l'Espagne contre la France, et pourquoi, lorsque la France l'a attaquée une seconde fois, l'Angleterre l'a-t-elle laissée subjuguer par les armées françaises? Pourquoi l'Angleterre, qui appuie l'indépendance de l'Amérique du Sud, a-t-elle abandonné Naples? Mais ce ne sont là que des paradoxes apparens, nullement contraires à la politique anglaise. Naples n'avait aucun commerce intéressant pour la Grande-Bretagne; l'Espagne, par la perte de ses possessions en Amérique, se trouvait exactement dans la même position que Naples; les Napolitains sont un peuple très-ingénieux, et, sous un gouvernement libre ou sage, ils pourraient devenir en beaucoup d'arts les rivaux des Anglais; l'Espagne, sous une administration libre et prudente, pourrait aussi redevenir ce qu'elle était au seizième siècle, la fabrique d'armes, de draps et d'instrumens, ainsi que l'école militaire et l'arsenal des autres nations européennes : ses métiers, ses ateliers, qui tombèrent à l'époque de l'expulsion des Maures et de la conquête de l'Amérique du Sud, pourraient se relever, ainsi qu'il est arrivé en France, et offrir, par une industrie intérieure, une compensation à la pauvreté humiliante produite par les colonies du dehors. Dans le temps de la révolution de l'Amérique septentrionale, l'Espagne avait une puissance navale formidable : combinée avec la marine de France, ses flottes virent fuir l'orgueilleuse marine anglaise sous la conduite des amiraux Geary et Darby; et de concert avec leur alliée, elles balayèrent la Manche. Sous le règne d'un Bourbon, l'Espagne a vu lancer en un jour, et dans un seul port, douze vaisseaux de 74; et la date de cette époque n'est pas éloignée, puisqu'un de ces vaisseaux, *le San-Pablo*, existe encore. Des moyens si évidens, si considérables et si faciles à faire valoir, ne pouvaient présenter aux hommes d'État de l'Angleterre aucun motif d'intervention; leur politique, qu'il ne faut jamais perdre de vue, n'admet rien de ce qui peut contrarier leur commerce, ou compromettre leur puissance. La politique qui conduisit les armées anglaises en Espagne, à une époque, les a empêché d'y arriver dans une autre. Le pacte de famille de la maison de Bourbon, formé à la fin du règne de Georges II, occasionna, sous le ministère de Chatham, une guerre sanglante. Cet homme d'État avait prévu l'évènement qui arriva en 1779, quand les flottes de la maison de Bourbon balayèrent la Manche : il entreprit la guerre dans le dessein de le prévenir, et il y réussit pour le moment. Mais l'accomplissement qui suivit, et même le combat qui eut lieu entre la grande flotte française, commandée par le comte d'Orvilliers, et celle aux ordres de Keppel, ont fourni aux hommes d'État de la Grande-Bretagne d'amples motifs pour intervenir, quand un pacte de famille plus formidable s'est préparé plus tard sous les Bonaparte. Sous la domination de ces derniers, la politique et la puissance de l'Espagne se seraient identifiées avec celles de la France : elle aurait marché l'émule de celle-ci dans les grandes entreprises d'utilité publique, dans la magnificence de ses routes et de ses ponts, dans ses canaux, dans la résurrection des arts et des sciences, dans l'extension du commerce et de la puissance navale. L'Espagne aurait conservé cette même Amérique du Sud, après laquelle l'Angleterre court, depuis plus d'un siècle, avec une persévérance infatigable. C'est pour prévenir ces conséquences que les armées anglaises sent entrées en Espagne, et non pour rendre le pays libre et heureux ; c'est pour empêcher l'Espagne de devenir riche et puissante, que l'Angleterre a prodigué son sang et ses trésors dans la péninsule. Sous un mauvais gouvernement, l'Espagne ne peut jamais être redoutable que pour les Espagnols ; sous un bon gouvernement, elle prendrait rang parmi les premières puissances de l'Europe ; aujourd'hui, elle n'a pas plus d'importance dans l'échelle des nations que le Wurtemberg ou la Sardaigne.

Voilà donc le mot de l'énigme qu'on a cru présentée par la politique anglaise, lorsqu'à l'époque de la dernière invasion, elle a négligé d'aider l'Espagne avec des armées et des subsides. Dans le fait, et en dépit des nombreuses théories qu'on a imaginées pour expliquer la haine de l'Angleterre contre la révolution française, la véritable cause tient à la même politique, à la crainte que la France, avec tous ses moyens, dans un état de liberté, ne comptant plus que des sujets libres, et ayant une population de trente millions d'hommes, ne devînt la rivale d'industrie et de commerce la plus formidable avec laquelle elle ait jamais eu à lutter.

Le cabinet anglais n'a pas été influencé par la haine d'un gouvernement démocratique, pas plus que par l'amour des rois : s'il a pris les armes, il y a été déterminé par l'intérêt de son commerce, et la crainte de le voir rivaliser ; il l'a été par l'idée de la puissance que l'industrie intérieure peut créer dans un pays tel que la France, et des moyens qui peuvent s'y développer avec le progrès des sciences et l'esprit du siècle. Trente millions d'hommes, affranchis comme ils le sont aujourd'hui, désormais assurés dans leurs acquisitions personnelles et dans l'exercice illimité de leurs facultés, pour leur avantage individuel, doivent rendre la France quatre fois plus formidable qu'elle ne l'était sous le gouvernement absolu.

Les clameurs des ministériels d'Angleterre contre la démocratie, que répétaient les partisans de la monarchie dans les autres pays, n'étaient autre chose qu'une parade, ou que le langage de dupes qui croyaient à la vérité de cette parade ; c'était une fourberie étudiée ; la liberté de tout un peuple, une cause de crainte ! l'extinction de ces mêmes institutions, vraies sources de faiblesse, qui avaient fourni pendant plus d'un siècle à la Grande-Bretagne des sujets de satire et de caricatures, lui furent présentées comme une cause d'appréhension !

C'en était une, en effet ; et malgré une guerre

payée pendant trente ans contre la France, après tous ses triomphes, ses sacrifices et ses désastres, elle est en ce moment le pays de l'Europe qui éprouve le moins de gêne, et dont la prospérité est la plus grande. Mais les progrès qu'elle fait dans la carrière de son industrie intérieure sont si rapides, qu'il est impossible qu'il n'en résulte pas, dans un temps qui ne saurait être éloigné, de nouvelles et furieuses guerres.

Au commencement du dix-huitième siècle, la France, avec tous les désavantages du régime absolu, rivalisait d'Angleterre dans le commerce du Levant. Ce sont les Français qui créèrent les régimens de *Cipayes*, ce nouveau moyen de former dans l'Inde des armées de troupes indigènes, commandées par des officiers européens : c'est en devenant les émules des la Bourdonnaye et des Dupleix, en imitant, en améliorant leurs plans, que les Anglais devinrent les successeurs et les souverains du Mogol. A cette époque, les mers du Levant étaient appelées ordinairement *les mers françaises;* l'Angleterre y devint la rivale de la France, et parvint en grande partie à l'y supplanter. La lutte n'était pas terminée au commencement de la révolution, et ne l'est pas même encore : c'est le commerce qui la soutient, quoiqu'un intérêt commun unisse l'Angleterre et la France dans leurs relations politiques avec la Turquie et contre la Russie.

La politique de l'Angleterre est aussi étonnante par sa flexibilité que par le concert et la conséquence de ses vues. Au premier coup-d'œil, elle semble n'être que le résultat d'un caprice bizarre et déréglé; mais en l'examinant de plus près, on reste convaincu qu'elle est le fruit de l'intelligence la plus active et de la sagesse la plus profonde. Pourquoi, demande-t-on, l'Angleterre, avec ses missions, ses sociétés bibliques, son émancipation des noirs, l'Angleterre, qui vante tant la liberté, poursuit-elle la marche politique où elle est entrée, par rapport à la Grèce? Pourquoi, sous prétexte de protéger les îles Ioniennes, occupe-t-elle sur les rives mêmes de la Grèce une position d'où, à l'abri de son pavillon, et sous l'apparence de la neutralité, des émissaires, sous le prétexte de protéger son commerce, donnent des secours aux barbares musulmans, en arrêtant les efforts de la Grèce chrétienne? Mais ces contradictions morales sont parfaitement en harmonie avec la politique anglaise, qui sait employer à la fois les missions et un fanatisme de mode, toutes les fois et dans tous les lieux où ils peuvent servir ses projets, mais qui n'y attache aucune importance, qui même sait les trouver di-

gnes de châtiment, quand ils compromettent ses
intérêts. Son objet de tous les temps, sa résolution
inébranlable est de soutenir, d'augmenter, de per-
pétuer la puissance britannique, et de réprimer
tout ce qui peut la mettre en péril. C'est cette
politique qui a renversé la Hollande comme puissance navale et commerciale, et qui a transporté
chez elle ces deux élémens de grandeur. Elle n'a
fait avec la France et Naples que ce qu'elle fait
maintenant avec la Turquie et la Grèce.

La Grèce comprend une multitude d'îles et
un pays riche et pittoresque au bord de la Méditerranée. L'esprit délié et entreprenant, le génie,
l'activité de ses habitans sont passés en proverbes.
Leur position les a portés à se livrer aux expéditions maritimes, et ils sont en même temps de
très-excellens marins et des constructeurs de
vaisseaux des plus beaux modèles. La beauté, la
légèreté de leurs agrès, leur habileté comme navigateurs, les ont fait comparer aux Américains
des État-Unis, auxquels ils ressemblent beaucoup
par leur finesse et leur adresse.

Dans leurs propres mers ils n'ont pas de supé-
rieurs; et pendant les guerres de la révolution
française, les matelots grecs qui s'embarquèrent
sur les vaisseaux anglais, et il y en eut beaucoup,
ne furent surpassés en aucune des qualités néces-

saires pour faire de bons marins. Ils sont généralement très-glorieux de leurs ancêtres, et, comme
marchands, on les trouve intelligens et rusés. Les
flottes des Turcs et les bâtimens de commerce de
cette nation ont eu dans tous les temps des équi-
pages grecs. Leur religion, dénommée *l'Église
grecque*, est la même que celle de la Russie,
puissance à laquelle ils sont aussi attachés qu'ils
sont unanimes dans la haine qu'ils portent aux
Turcs.

La position de Constantinople en avait fait un
objet de sollicitude pour les chefs des peuplades
russes, long-temps avant que le czar Pierre eût
placé sa nation parmi les nations de l'Europe.
Sous son règne et sous les souverains de l'un et
de l'autre sexe qui ont occupé le trône après lui,
elle a été un objet constant et prédominant de con-
voitise. Le caractère des Grecs, leur proximité de la
Russie, et l'ambition bien connue de cette dernière puissance, relativement à la Turquie d'Europe, sont des causes d'inquiétudes sérieuses pour
la Grande-Bretagne, et cela d'après les mêmes
principes qui ont dirigé sa conduite à l'égard de
la Hollande, de la France et de l'Espagne. Les
hommes d'État de l'Angleterre voient, dans le
vaste bassin de la mer Noire, le rendez-vous fu-
tur de flottes nombreuses. Ils voient autour de

ses rivages un grand nombre de chantiers de construction, touchant à de vastes forêts qui offrent tout ce qu'on peut demander à la nature pour l'équipement des vaisseaux. La souveraineté de la Russie est reconnue sur toute la partie septentrionale et sur une grande portion des extrémités orientales et occidentales de cette mer, c'est-à-dire presque depuis le phase dans la Colchide, du côté de l'est, jusqu'à l'embouchure du Danube, vers l'ouest. En possession de Constantinople, la Russie pourrait, avec de bonnes fortifications, fermer le Bosphore et en exclure tous les vaisseaux étrangers; et de ce bassin, où toutes les flottes du monde entier trouveraient assez de place, sans avoir à redouter ni rochers ni écueils, non plus que les vicissitudes des climats septentrionaux, elle pourrait traverser dans toutes les saisons la Propontide, et faire la loi dans l'Archipel et sur toutes les côtes de la Méditerranée, de la Syrie et de l'Égypte.

Les Grecs unis par cette association d'idées, qui est l'effet général des sentimens religieux touchant à la Thrace, deviendraient, par le simple résultat de leur position, et sans aucune violence, les navigateurs de la Russie, comme ils l'ont été de la marine turque; et soit comme État libre, soit comme province dépendante de la Russie, affranchis du joug barbare de la Turquie, ils ne pourraient pas éviter, lors même que leur intérêt le demanderait, une liaison intime avec le commerce et la marine militaire de la Russie. Leurs habitudes comme marins, leurs entreprises mercantiles les conduiraient dans la mer Noire, et les rivages de cette vaste mer intérieure se montreraient bientôt les émules de la magnificence que les Génois déployèrent sur ce théâtre célèbre. La Colchide présenterait de nouveau sa toison d'or aux nations de l'Europe; de nouveau elle deviendrait, avec la Tauride, le point de retour des caravanes, rivalisant encore une fois de splendeur avec la Perse et la Syrie.

La politique de la Russie flatterait le génie entreprenant des Grecs; et d'après l'esprit de cupidité de cette nation, qui s'est trahie dans la tentative qu'elle a faite pour convertir en mer fermée une grande portion de l'Océan pacifique, on peut prévoir qu'elle ne manquerait pas de prétextes plus plausibles pour les mers du Levant. Cet exemple récent, quand il ne serait pas appuyé par beaucoup d'autres, justifierait nécessairement les craintes du cabinet anglais. Il ne pourrait pas ne point se rappeler l'influence et l'effet de la neutralité armée de 1780, dont la Russie parut être le chef, et dont l'empereur Alexandre, à une époque récente, celle de la paix de Tilsitt, a avoué les principes comme étant ceux de la politique constante de la Russie.

.Maîtresse de Constantinople, la Russie occuperait la Thrace, et la rivière du Strymon serait la seule ligne de séparation entre la Grèce et les possessions russes.

Dans une pareille position, elle deviendrait une grande et formidable puissance navale. La Grèce libre ou assujettie serait, par une nécessité irrésistible, l'auxiliaire de son commerce et de sa marine; mais la Grèce indépendante serait encore plus formidable; et unie à la Russie, elle ne tarderait pas à former la plus puissante marine militaire qui ait jamais paru sur l'Océan.

Les mêmes causes qui portèrent l'Angleterre à détruire la suprématie du commerce et de la marine hollandaise, à faire la guerre à la révolution française, et à souffrir la dernière conquête de l'Espagne, doivent nécessairement prévaloir relativement à la Russie. La politique qui entreprit la guerre pour détruire le pacte de famille de la maison de Bourbon en 1756, et celui des Bonaparte en 1808, ne pouvait manquer de prévoir les succès de la Russie contre les Turcs, et l'alliance des Russes avec les Grecs. Aussi l'Angleterre est-elle devenue médiatrice active et protectrice des Turcs, et s'oppose-t-elle à leur expulsion de l'Europe. C'est la même cause qui lui fait voir de sang-froid les chrétiens grecs massacrés, pillés, réduits en esclavage; et c'est une nouvelle preuve que sa politique est constante et conséquente.

Les hommes d'État de l'Angleterre voient dans la mer Noire, indépendamment d'un grand arsenal pour la marine, le rendez-vous central du commerce asiatique de la mer d'Aral et de la mer Caspienne, du golfe Persique et de la mer Rouge. Ce n'est pas sans raison qu'ils peuvent craindre cet évènement, et y voir le prélude d'une aussi grande révolution dans le commerce de l'Europe, que celle qui eut lieu lors de la découverte du passage du cap de Bonne-Espérance. Ils peuvent prévoir des débats aussi sanguinaires pour la souveraineté de la mer, que ceux qui ont rendu célèbres les noms de Ruyter et de Van Tromp, dont les triomphes ne furent que les derniers efforts d'un pouvoir expirant, et qui allait se voir arracher pour toujours sa suprématie navale.

La Grèce, devenue libre et livrée à elle-même, verrait ses facultés se développer, et son horizon s'agrandir. Au lieu de borner sur mer ses courses aventureuses aux colonnes d'Hercule,

ou à quelques visites fort rares dans les ports espagnols ou portugais de l'Océan, ses voiles ne
tarderaient pas à blanchir les mers lointaines. La
jalousie de l'Angleterre commerciale verrait dans
chaque cargaison de cette puissance nouvelle, si
écartée de sa navigation ordinaire, autant de spécu-
lations et de richesses accumulées à son détriment.

Les craintes que la partie russe de la mer
Noire, du côté de l'Asie, donneraient aux hommes d'État de la Grande-Bretagne, ne seraient
pas moins fondées. Ce bassin naval, dans lequel
toutes les flottes du monde pourraient manœu-
vrer, menacerait le commerce et la souveraineté
de l'Angleterre en Asie, ou du moins il y ferait
naître de vives inquiétudes. Déjà le contact de
la puissance russe avec la Circassie et la Géorgie,
et les mouvemens diplomatiques en Perse, ont
élevé des craintes qui ont été l'objet de plusieurs
missions politiques, soit à la cour de Perse, soit
auprès des puissances qui touchent aux possessions anglaises de l'Inde. Déjà les Géorgiens et
les Circassiens sont Russes ; et les Arméniens,
autant par inclination que par intérêt, sympa-
thisent avec la Russie. Le czar a entrepris d'établir de nouvelles lignes de démarcation entre
l'Asie et l'Europe, et placé, par cette opération,
des portions considérables de l'Asie dans les li-

mites de l'Europe. Tandis que des armées russes, vers les bouches du Danube, en Bulgarie, dans la Tartarie Budziaque, en Tauride et sur les confins de l'Arménie, tiennent la Turquie en état de siége, les agens de cette puissance sur la mer Caspienne gagnent la confiance des Persans, dont ils font avancer les armées jusqu'aux extrémités orientales de l'Asie mineure. Et c'est ainsi que la Turquie se trouve exposée à toutes les inquiétudes et à toutes les dépenses de la guerre, par une simple parade d'armées russes en vue des minarets de Constantinople, et d'armées persannes continuellement en mouvement, à trois cent lieues de cette capitale.

Relativement à la Turquie, l'Angleterre ne juge pas nécessaire de dissimuler. Elle serait aveugle, si elle ne voyait pas des causes d'inquiétude du côté de la Russie ; et ne pas résister serait se soumettre aux conséquences. Aussi voit-on son ministre à la Porte faire connaître explicitement sa détermination, en déclarant que la Grande-Bretagne ne resterait pas spectatrice indifférente d'une entreprise contre la Turquie. C'est la même politique qui déclare à la Sainte-Alliance qu'elle ne saurait être spectatrice indifférente de l'intervention de toute puissance européenne entre l'Espagne et l'Amérique.

Il est bien évident que l'Espagne toute seule ne peut rien faire. La politique de l'Angleterre est la même : elle ne dispute pas à la Russie le droit d'occuper son propre territoire, d'une manière ou sous une forme quelconque, avec un appareil civil ou un attirail militaire ; mais elle déclare que ces armées qui paradent sur les limites de la Turquie, ont une apparence plus que suspecte de desseins hostiles, et qu'en forçant les Turcs à avoir sur pied une armée d'observation, elles ont pour eux tous les inconvéniens pécuniaires d'une guerre réelle.

La possession exclusive de la mer Caspienne met la Russie en état d'exercer une influence puissante en Perse. Au-delà des provinces qui dépendent aujourd'hui de la Perse, et sur les confins de l'Inde proprement dite, est la nation des Afghans, qui, à différentes époques, a été maîtresse de la Perse, ou subjuguée par elle. Elle forme en ce moment une puissance indépendante et formidable, ayant une population nombreuse et entreprenante. Son pouvoir s'étend du Khorassan à Kashmire, et aux sources du Punjab, ou cinq rivières, qui se jette dans l'Indus. L'Angleterre cultive avec succès l'amitié de cette nation : elle n'intervient dans les affaires des Afghans que dans ce qui peut assurer la tranquillité d'un pays jadis déchiré par l'ambition d'usurpateurs qui se disputaient le pouvoir. Les Anglais entretiennent aussi en Perse des correspondances de nature à les mettre à l'abri de toute surprise. De ce côté, leurs possessions de l'Inde ont peu de chose à redouter. Les hommes d'État de la Grande-Bretagne connaissent parfaitement les difficultés que celui qui tenterait de les envahir aurait à surmonter. Mais adoptant cette saine maxime du général, que *rien de ce qui n'est pas impossible n'est improbable*, ils ont l'œil ouvert sur les Russes en Asie.

Les troupes indigènes, disciplinées par les Anglais, ne sont inférieures à aucune troupe de la terre en valeur froide, en subordination, en tempérance, en mépris des dangers et de la mort. Leur confiance dans leurs officiers européens est sans égale. L'Angleterre se concilie par des faveurs, et conduit sans contrainte, sans violence, ces braves peuplades qui occupent les plaines de Khorassan et de Moultan, l'ancien Parapamissus, et les défilés de l'ancien Imaüs, aujourd'hui l'*Indou-Koush*. Les Afghans doivent à la politique anglaise la plus grande reconnaissance pour avoir mis un terme aux révolutions continuelles qui les affligeaient depuis qu'ils ont secoué le joug des Persans. Sous le nom de médiatrice, l'Angleterre leur est réellement très-utile ; et comme elle use avec la plus grande discrétion de son influence, c'est elle en effet qui les gouverne. Elle n'exige d'eux aucun tribut, et sert de garantie à leur tranquillité, à leur sécurité contre les factions ou l'ambition personnelle ; tandis que, sous le titre d'alliés, elle peut, en cas de guerre, en disposer pour son service, comme de troupes organisées et payées, dans des provinces qui lui appartiennent. Dans le fait, ces tribus, et tous les seiks qui occupent les frontières au nord ou à l'ouest de l'Inde, jouissent d'une paix et d'une sécurité inconnue dans tout ces pays, depuis les premières incursions des mahométans. Ils ont cessé d'être ou pilleurs ou pillés, et ils sentent que leur félicité présente ne peut être attribuée qu'à la puissance anglaise.

Il est très-certain que toute cette immense population indienne, que régit l'Angleterre, jouit d'une sûreté et d'un bonheur que ces contrées ne connaissaient plus depuis plusieurs siècles, au moins depuis les premières invasions des musulmans ; ils apprécient ces bienfaits, et en sont reconnaissans.

On doit dire, pour rendre hommage à la vérité, que, quelque odieux, quelque abominables qu'aient été les premiers temps de la puissance anglaise dans l'Inde , l'Angleterre, à dater de l'époque de l'administration de lord Cornwalis, a mérité la confiance et la reconnaissance, sans bornes qu'elle a obtenues.

Malgré l'étendue et l'efficacité de la politique anglaise en Asie, malgré toutes les précautions qu'elle a prises contre toute invasion armée, l'Angleterre redoute de ce côté une sorte de danger qui ne s'aperçoit pas si distinctement, et qui non plus n'est pas tel qu'elle l'avoue ouvertement. Ce n'est pas du nombre ni de la valeur des bataillons russes qu'elle pense avoir rien à craindre : pour eux la marche à travers l'Indus ne serait ni moins difficile ni moins hasardeuse qu'elle ne le fut pour les Macédoniens; car, de nos jours, le pays se trouve à peu près dans le même état que du temps d'Alexandre. Il éprouva autant de difficulté pour y entrer et s'en rendre maître, que pour le conserver lorsqu'il y fut entré; et le moderne Alexandre, ainsi que l'ancien, ne tarderait pas à s'apercevoir que ces flots qui s'ouvrirent pour laisser passer celui-ci dans les plaines de Moultan, après avoir surmonté beaucoup de dangers, se fermeraient sur son arrière-garde, et que, comme lui encore, avant de s'être avancé pendant une semaine vers le Gange, une retraite précipitée et désespérée pourrait seule le sous-

traire au sort de Cambyses, sans autre résultat
que de donner aux conquérans à venir une leçon
de morale, et aux historiens un problême pour
exercer leur sagacité.

Mais la cause secrète des inquiétudes de l'Angleterre, du côté de la Russie, n'est pas d'une
nature moins sérieuse que ne le serait une invasion armée. Les hommes d'Etat de l'Angleterre
sont constamment dans la crainte, sans qu'on
puisse dire d'après quelles circonstances parti-
culières, qu'il n'y ait une tendance, dans toutes
les classes des habitans de l'Inde, Européens et
indigènes, vers une révolution qui les rendrait
indépendans de toute puissance européenne. Les
révolutions, qui sont nées à la suite de celle de
l'Amérique du Nord, ont été, en Asie, le sujet
de discussions aussi libres qu'en aucune autre
partie du monde. L'agent qui y exerce l'autorité
de vice-roi y est dans un état d'alarme et de
frayeur constantes, et le pouvoir arbitraire y a
souvent été employé pour réprimer les discussions politiques. La presse y a été soumise avec
une violence aussi extrême par l'autorité anglaise,
qu'elle le serait en Turquie, à Venise, à Vienne
ou à Rome. Les effets de pareils actes ne sont
sentis que par la génération présente. L'individu
existant peut se taire, mais il ne peut pas ne pas

savoir ce qu'il sait, ni ne pas penser ce qu'il pense, et le climat de l'Inde est très-propre à favoriser le développement et l'exercice de l'intelligence.

Plusieurs Indiens ont déjà fait apercevoir des dispositions à l'indépendance ; et des personnes qui ont résidé long-temps dans ce pays, parlent d'une crise qui a été bien près d'amener la catastrophe si redoutée. Cette crise a eu lieu, dit-on, sous l'administration de Cornwalis, et fut produite imprudemment par un coup d'autorité. La prudence consommée, et la bonne fortune de ce gouverneur le tirèrent de ce mauvais pas, en faisant ce qu'il fallait pour réparer le mal qui était résulté d'un système militaire vicieux, et qu'il avait d'abord soutenu et porté jusqu'à la dernière sévérité.

Si cette disposition à l'indépendance régnait encore dans l'Indostan, dans ce siècle de révolution, et que la Russie voulût saisir l'occasion qui pourrait se présenter de souffler le feu de la révolte, il en résulterait des conséquences terribles et impossibles à calculer. Les plus riches possessions étrangères qu'ait jamais eues une nation européenne pourraient alors, ainsi que l'Amérique du Sud, fournir les matériaux de plusieurs nations, plus populeuses et plus riches que les nations les plus orgueilleuses de l'Europe.

Il est deux autres points sur lesquels la Grande-Bretagne et la Russie peuvent se trouver en contact : la Chine et l'Égypte. Quiconque a donné plus qu'une attention ordinaire aux ambassades de Macartney et de Staunton à la Chine, et aux missions dans l'intérieur, du capitaine Turner et du colonel Kirckpatrick, auprès du dalai-lama et à Catmandu, doit être convaincu que ce n'étaient pas de simples mouvemens de parade, ou qui n'eussent pas un but plus important. La conquête de Napaul, à une époque plus récente, peut être considérée comme se liant à ces expéditions. On peut en trouver les motifs dans le même esprit de politique commerciale. La Russie touche de si près à la Chine, qu'elle rivalise la Grande-Bretagne dans les marchés de l'Europe, pour la vente des denrées de la Chine. L'expédition du philosophe Pallas, faite il y a déjà plus de cinquante ans, a ouvert un vaste champ aux entreprises des Russes; et le moment peut arriver où les Anglais et les Russes se combattront dans cette partie du monde. Déjà ils sont jaloux les uns des autres.

Dans le cas où quelque changement dans les affaires placerait Constantinople sous la domination de la Russie, l'Égypte, associée à cette conquête, deviendrait une cause sérieuse d'alarme.

La politique qui conduisit Napoléon en Egypte, avait été mûrie sous le règne de Louis XIV, et suggérée par un philosophe du Nord. Ce n'est pas par attachement pour la Turquie que l'Angleterre a envoyé ses armées et ses flottes pour chasser les Français de l'Égypte ; elle avait de ce côté plus de danger à craindre de la part de la Russie que de la France. Ce serait en effet une extension de ce cordon dont la Russie a déjà entrepris de ceindre l'Asie.

Les trois derniers points de notre sujet sont pleins de matériaux curieux, sur lesquels il y aurait beaucoup de choses à dire et à apprendre. Mais nous en avons déjà assez dit dans le but que nous nous sommes proposé, pour appuyer le principe énoncé dans cet écrit ; savoir : que la Grande-Bretagne a dans sa politique des intérêts à soutenir qui sont tout à fait incompatibles avec l'agrandissement de la Russie, et qu'elle a plus de motifs de crainte de cette puissance que de toute autre nation de l'Europe.

Or, voici les faits qui, suivant nous, donnent la solution de la prétendue énigme politique que présente l'Angleterre, excitant le monde avec toutes ses missions, et ses bibles dans toutes les langues, et se vantant plus que toute autre nation de la ferveur de son christianisme ; et soutenant en même temps l'édifice chancelant des mahométans en Europe, ces assassins barbares des Grecs chrétiens ; aimant mieux voir le pays et les descendans de Socrate, d'Aristide et de Miltiade, dégradés, livrés à la boucherie par ses cruels oppresseurs, que d'arracher cette nation respectable au plus affreux esclavage, et cela pour empêcher qu'il ne s'élève de nouvelle rivalité contre ses opérations commerciales et sa suprématie navale. Qu'est donc l'esclavage des nègres, en comparaison de celui de la Grèce asservie !

Ainsi que la possession presque exclusive du commerce américain défend à l'Angleterre de souffrir aucune attaque contre l'Amérique, de même la conservation de celui qu'elle fait déjà dans le Levant, et qu'elle est déterminée à ne point abandonner, s'accorde parfaitement avec son système général dans toutes les parties du monde.

L'influence de l'Autriche mérite assurément fort peu qu'elle s'en occupe. Si la Russie écoute ses prétentions, c'est plutôt par prudence que parce qu'elle les approuve. L'expérience de sa famille en Toscane avait donné à la maison d'Autriche le goût du commerce maritime, parce que ce commerce a été depuis les deux derniers siècles une source principale d'agrandissement. Elle tenta, il y a environ quarante ans, de s'ouvrir un commerce avec l'Asie par le cap de Bonne-Espérance ; et dans ce dessein, elle établit une compagnie des Indes à Ostende. Mais l'Angleterre, jalouse de toute rivalité dans les mers de l'Inde, força l'Autriche à abandonner la compagnie et le commerce. Cependant elle ne renonça pas à ses projets, et ses espérances se portèrent au plus haut degré, quand elle devint maîtresse de Venise. La possession d'une grande partie des côtes de la mer Adriatique ne fit que stimuler le désir qu'elle avait de conserver ses possessions en Épire, et même d'aller jusqu'au Péloponèse. Ici encore l'Angleterre s'interposa, et dans le torrent de ses succès sur le continent, elle saisit l'occasion de transporter sous sa protection les îles Ioniennes, alors occupées par la Russie ; et par cette mesure, elle remplit à la fois quatre objets principaux de sa politique. Elle enleva à la Russie une position dans la Méditerranée, qui lui donnait de l'influence sur la Grèce ; elle occupa elle-même cette position, et obtint cette même influence ; elle mit fin à la politique de l'Autriche ; enfin elle plaça des sentinelles pour surveiller la Grèce et soumettre à son contrôle les destinées de ce pays. Peut-être ses hommes d'État n'ont ils pas manqué de se souvenir qu'une flotte vénitienne de deux cents bâtimens de guerre, et de vingt-huit vaisseaux légers, gagna en 1551 la bataille de Lépante sur une flotte turque de deux cent cinquante vaisseaux de guerre et de soixante-dix frégates, et qu'elle était commandée par un prince autrichien.

Des précautions prises d'aussi bonne heure que l'ont été celles-ci doivent avoir été suggérées par la crainte de ces puissances mêmes auxquelles elle avait fourni des subsides contre la France, et avec lesquelles des hommes irréfléchis supposent qu'elle est prête à former aujourd'hui une alliance destructive pour elle. Les faits que nous avons réunis parlent trop clairement pour n'être pas bien compris. Ils prouvent encore combien la politique anglaise a su prévoir de bonne heure la révolution de la Grèce.

Il n'est pas nécessaire d'entrer dans de grands détails sur l'étrange coïncidence d'intérêt et de politique entre la France et l'Angleterre, relativement à la Russie, à la Turquie et à la Grèce. Pendant plus d'un siècle, le commerce du Levant a été, et il continue d'être un objet de concurrence et de rivalité entre la France et l'Angleterre. L'ascendant de la France était tel au milieu du siècle dernier, qu'on appelait commu-

nément la mer du Levant, la mer Française.
Les entreprises faites sous le ministère de sir
Robert Walpole, et la faiblesse du cabinet français, firent passer la prépondérance à l'Angleterre, et cela fut porté à un tel point, que lorsque le génie de Turgot et d'autres esprits de la
même trempe, produisit une activité momen-
tanée, l'industrie française reprit bientôt une
grande vigueur; mais les produits des manufactures françaises furent portés dans le Levant et
vendus sous des noms anglais. La révolution vint
de nouveau rendre à la France une supériorité
temporaire; mais les évènemens qui l'ont suivie
ont au moins rétabli l'équilibre entre les deux
nations, tandis que la crainte d'un rival commun
dans la Russie, les a réunies pour la défense de
la Turquie.

Les vues qu'on a présentées dans cet écrit sont,
on ose le croire, assez simples et assez évidentes.
Les faits sont, en général, récens et notoires. On
s'en rapporte au jugement du lecteur pour en
tirer les conséquences. L'Angleterre a, avec les
deux Amériques du Nord et du Sud, un intérêt
commun, et fondé sur le commerce, seule source
de sa puissance et de sa prospérité. Les colonies
de la Grande-Bretagne, bien loin de lui être
avantageuses, ne sont, comparativement pour

elle, qu'un poids dont elle témoigne qu'elle se déchargerait volontiers; ce qu'elle ferait immédiatement, s'il n'y avait ni danger ni difficulté à le faire. Mais les dangers lui font regarder comme plus sûr de supporter les maux qu'elle souffre, que de s'exposer à d'autres qu'elle ne connaît pas. Ces remarques s'appliquent particulièrement au Canada et aux Indes occidentales, pays qu'elle abandonnerait avec plaisir, si elle trouvait un motif plausible et sans danger pour le faire.

La politique qui l'a engagée à s'assurer des possessions territoriales a été trop générale, et elle paraît résolue à se borner à l'Asie et à l'Afrique méridionale, en conservant dans toutes les mers des îles qui puissent servir d'entrepôt pour ses marchandises, et de rendez-vous pour sa marine, ou, par circonstance, certains points d'où elle puisse diriger ses opérations politiques. L'Amérique lui a appris ce qu'elle n'avait pas su concevoir d'elle-même, que c'est par les échanges du commerce qu'elle peut tirer avantage de toute nation étrangère, principalement dans le Nouveau-Monde, et c'est dans cet esprit qu'elle paraît agir maintenant.

Il n'y a donc pas lieu de croire ni de soupçonner que l'Angleterre puisse être disposée à

entrer dans des projets hostiles à son propre système, c'est-à-dire aux intérêts de son propre
commerce. L'indépendance et la prospérité des
deux Amériques ont progressivement augmenté
les richesses et la puissance de la Grande-Bretagne, et ces pays continueront à faire des progrès en raison de ceux que fera leur population,
et à mesure que la civilisation s'y étendra. Elle
trouve en grand, dans les Amériques, des débouchés qui font plus que compenser ceux qu'elle a
perdus en Europe; et l'expérience lui a appris
que ces nouveaux marchés pourront s'accroître en
nombre, en importance et en richesse, et lui offrir un jour autant et plus d'avantages que ceux
de toute autre partie du monde. Supposer que,
dans de pareilles circonstances, l'Angleterre pût
entrer dans des complots contre une partie quelconque de l'Amérique, ce serait supposer qu'elle
voulût courir à sa propre perte. Les mêmes rai-
sons qui influent sur sa politique relativement à
l'Amérique, la dirigent donc en Europe.

Nourrit-elle le dessein d'obtenir des possessions territoriales, ou une suprématie politique
dans quelque partie de l'Amérique du Sud, malgré l'expérience qu'elle a déjà faite? C'est un
point qu'on ne saurait décider immédiatement.
Il n'entre point dans l'objet qu'on s'est proposé

d'examiner dans cet écrit. Il est facile d'imaginer des évènemens qui pourraient conduire à une semblable politique. Toute entreprise de la Sainte-Alliance (si une semblable chimère pouvait se concevoir) pourrait la porter à réaliser son projet d'occupation des quatre grandes positions de la Plata, de Chiloë, de Panama et de la Trinité dont elle est déjà en possession. Mais cette occupation, sous le point de vue commercial, ne serait ni économique ni politique, tant qu'elle ne trouverait pas dans ces pays quelque rival puissant plus favorisé, ou prétendant à quelque possession de territoire. Sa politique, en cas de rivalité, la conduirait certainement à combattre, comme elle dut nécessairement le faire contre les Hollandais et les Français en Asie, jusqu'à ce qu'elle y eût détruit la concurrence. Ses desseins sur Chiloë se liaient vraisemblablement à la crainte, qui n'était pas sans quelque fondement, des secours et des armes que Napoléon avait ordonné d'expédier aux révolutionnaires de ces contrées.

A l'époque où fut livrée la désastreuse bataille de Leipsick, il se trouvait dans un port de France, deux frégates neuves ayant à bord chacune dix mille fusils, et un nombre assez considérable d'officiers bien disposés. L'une de ces frégates était

destinée pour *Chiloë*, et l'autre pour la Margue-
ritta. Les suites funestes de cette bataille firent
perdre de vue cette expédition. Les armes furent
débarquées. Mais l'Angleterre entretenait en
France des agens trop actifs pour n'avoir pas été
instruite de ce qui se passait.

C'est un fait incontestable que l'Angleterre a
eu des desseins sur *Panama*, à une époque encore très-récente; et il n'est pas moins certain
que c'est la connaissance de ce fait qui a amené
le soulèvement des habitans de Panama et de
Veragua, et mis un terme à la domination espagnole dans ces contrées, beaucoup plutôt que
cela ne serait arrivé, en accélérant leur réunion
à la république de Colombie.

On dit encore qu'il a été fait très-récemment
des ouvertures pour obtenir à l'amiable l'occupation provisoire de quelques autres positions.
Ce fait, dont il a déjà été question dans cet écrit,
a dû avoir lieu avant l'expulsion de *Morales* de
Puerto-Cabello. Il n'est nullement impossible que
la Grande-Bretagne se complaise dans des projets formés dès le premiers momens de la révolution du Mexique.

A une époque peu éloignée, il a été question
de l'établissement d'un dépôt pour la marine près
de la rivière de la Trinité, et dans le même en-

droit où l'Espagne s'était long-temps proposé d'en établir un, sous le nom de la *Nouvelle-Cadix*. Les envoyés que l'Angleterre a fait passer au Mexique doivent avoir une grande influence pour faire accueillir des projets de cette nature, ou pour favoriser ceux qu'il serait plus prudent de cacher que de laisser entrevoir. Cependant il est probable que, dans la crainte de donner l'alarme *à un pays voisin*, elle aime mieux agir en silence et sans chercher à faire d'acquisition territoriale, pour obtenir dans ces contrées une grande prépondérance politique et commerciale, dont les effets ne peuvent être bien appréciés que par ceux qui connaissent à fond le Mexique et sa population : quoi qu'il en soit, les États-Unis ne peuvent exercer une surveillance trop active dans cette partie.

En résumé, aucune partie de l'Amérique ne peut avoir à craindre que la Sainte-Alliance emploie la force contre elle.

Le commerce avec l'Amérique du Sud est déjà égal à ce qu'était celui de l'Amérique du Nord au commencement de la révolution française ; et il doit augmenter dans une grande proportion, ses produits étant plus variés, plus abondans et plus généralement recherchés.

Enfin l'Angleterre, par la surabondance des

métaux précieux qu'elle a obtenus entièrement par l'échange des produits de ses manufactures, est en état de réduire aujourd'hui chez elle l'intérêt de l'argent à quatre et demi pour cent.

Le but de cet écrit était de soutenir que l'Angleterre est de bonne foi quand elle désavoue les principes de la Sainte-Alliance. Nous pensons avoir prouvé que la politique qu'elle suit depuis un demi-siècle, avec un jugement, une activité, une persévérance inimitables, et avec un si merveilleux succès, est incompatible avec ces principes. Il entrait dans notre plan de faire connaître les bases sur lesquelles cette politique repose. Nous avons montré qu'elles étaient toutes commerciales, en rappelant à nos lecteurs que, sans ces bases qui ont créé et qui maintiennent sa suprématie navale, l'Angleterre serait depuis long-temps descendue à un second rang parmi les nations de l'Europe, et que, loin de figurer en première ligne dans les grands évènemens qui viennent de se passer, elle aurait infailliblement succombé sous le poids de tant de puissance.

Il n'était pas étranger aux vues qu'on s'est proposé dans cette discussion, de signaler le mouvement que l'Angleterre a imprimé depuis ces trois dernières années à la circulation du numéraire dans les États avec lesquels elle a des relations politiques et commerciales, et elle en a avec tous, mouvement qu'elle peut à volonté produire, renouveler, et surtout faire cesser, au gré de ses intérêts, par la force irrésistible que lui donnent les vastes ressources du commerce, pour ne pas dire du monopole du monde. Elle sait si bien apprécier l'étendue et l'importance de son influence, qu'elle a jugé convenable de la dissimuler et de la déguiser, à l'occasion de ses nouvelles liaisons avec l'Amérique du Sud, afin de la rendre moins insupportable aux nations sur qui elle pèse, et pour les accoutumer par degrés à une dépendance et à un esclavage commercial qu'elle n'a jamais cessé de vouloir leur imposer.

Il est très-vrai que cette influence commerciale aurait pu n'être considérée dans un temps que comme le résultat naturel de ses succès ; mais il n'est pas moins certain qu'on peut et qu'on doit la regarder à l'avenir comme devant servir à des combinaisons politiques. Que de projets ne pourrait-elle pas réaliser ! que de bouleversemens, que de révolutions ne peut-elle pas opérer pour arriver à son but, avec des moyens si vastes, si puissans et d'autant moins appréciés, qu'ils sont moins connus même de ses voisins, dont le génie, les idées et les vastes conceptions sont absorbées par des questions du moment, et où l'agiotage est tout et le commerce rien, où, comme l'exprime l'un de ses hommes publics, *the people are all but merchants!!*

En citant, comme nous l'avons fait, la réduction de l'intérêt de l'argent en Angleterre, nous n'avons pas prétendu décider jusqu'à quel point on peut considérer cette réduction comme un bien, ou seulement comme le signe d'un bien, ce qui est fort différent, chez une nation, quand elle est produite par l'abondance du numéraire, et surtout quand cette abondance est, comme elle l'est en Angleterre, le résultat immédiat de son commerce. C'est une question très-compliquée, et dont les hommes d'État de l'Amérique du Nord s'occupent depuis long-temps. Pour être en état de la résoudre, il faut bien connaître les causes qui ont produit l'abondance du numéraire, et encore mieux les moyens qui peuvent la maintenir. Peut-être ceux qui se livreraient à cet examen trouveraient-ils, en définitive résultat, que, de toutes les nations du monde, la Grande-Bretagne est la seule où la diminution de l'intérêt de l'argent puisse aujourd'hui s'établir d'une manière avantageuse et durable; avantageuse, en favorisant réellement l'industrie de ses citoyens, et en servant les profondes vues politiques de son gouvernement; durable, par la facilité que lui donnera long-temps sa supériorité comme puissance navale et commerçante, d'attirer à elle, et de faire refluer à volonté, partout où elle le jugera convenable, les capitaux des autres pays qui sont déjà, et qu'elle tend à rendre chaque jour davantage tributaires de son commerce. Une nation chez qui l'abondance du numéraire ne serait pas le produit immédiat de son industrie ou de son commerce, ne pourrait pas soutenir long-temps les effets de cette diminution : ils accableraient ceux qui se seraient laissés séduire par une abondance apparente, mais factice et passagère.

Les considérations qui se rattachent à ce sujet important sont d'un ordre trop élevé pour être à la portée de tous les esprits ; mais elles sont si dignes de toute l'attention de ceux qui sont capables de les apercevoir et de les apprécier, que nous ne saurions trop les recommander à leurs méditations.

FIN.

PARIS. — IMPRIMERIE DE J. G. DENTU,
rue des Petits-Augustins, n° 5.